Theresa Marrama

Rhumus si nasconde a Roma

Together we are stronger, together we are unbroken,
together we can do anything.
— Rahul Singh —

INDICE

ACKNOWLEDGMENTS

A big **GRAZIE** to Katherine Cannamela for her wonderful translation of this story into Italian!

Capitolo 1
Due settimane dopo l'esplosione

Due settimane fa, c'è stata[1] un'esplosione terribile a Roma. I ratti sono scappati[2] sotto le strade di Roma. Ancora sono in pericolo[3] in città. I ratti hanno paura.

—Dove possiamo nasconderci[4]? — domanda uno dei ratti.

---

[1] c'è stata – there was
[2] son scappati – escaped
[3] in pericolo – in danger
[4] Dove possiamo nasconderci – where can we hide

—Non lo so, ma ho paura[5]! Non mi piace correre per strada[6]! —dice un altro ratto.

—Sì, capisco. Ho paura di un'altra esplosione! —dice un altro ratto nel gruppo.

I ratti corrono dappertutto[7] a Roma per nascondersi. È ovvio che le persone vogliono[8] sterminare i ratti. I ratti hanno bisogno di un buon posto per nascondersi[9] a Roma.

---

[5] ho paura – I'm scared
[6] per strada – in the street
[7] dappertutto - everywhere
[8] vogliono – want
[9] un buon posto per nascondersi – a good place to hide

Rhumus è con i suoi genitori in un gruppo di ratti. Rhumus ancora ha problemi a sentire perché due settimane fa, c'è stata un'esplosione grande. È stato un rumore orribile! C'è stata un'esplosione! A Rhumus non è piaciuto quel rumore.

L'esplosione ha causato problemi. Adesso Rhumus è sordo[10]. Non sente bene.

Tutti i ratti hanno paura. Tutti i ratti sono ansiosi.

---

[10] sordo – deaf

3

–Che facciamo[11]? Siamo in pericolo? Dove possiamo nasconderci? –domanda una dei ratti.

—Sì, non possiamo andare sotto le strade. È molto pericoloso. Abbiamo bisogno di un piano! —grida un altro ratto.

I genitori di Rhumus vogliono tranquillizzare[12] tutti i ratti. Parlano di buoni posti per nascondersi. I suoi genitori parlano di posti meno[13] popolari a Roma. I genitori elencano tutti i posti[14] che conoscono a Roma

---

[11] che facciamo – what do we do
[12] tranquillizzare – to calm
[13] meno - less
[14] elencano tutti i posti – list all the places

dove non ci sono[15] molti turisti. I suoi genitori parlano di tutti i posti che gli sterminatori non visitano.

—Ci sono alcuni posti dove i ratti possono andare[16] per nascondersi. I ratti possono nascondersi in posti meno popolari a Roma. I posti che gli sterminatori non visitano —dice suo padre a sua madre.

—Dove? —domanda sua madre.

—In primavera, la nostra famiglia visita il Teatro Marcello tutti i sabati per

---

[15] ci sono – there are
[16] possono andare – can go

scappare da tutti i turisti. Tutti noi possiamo andare al Teatro Marcello.

—Sì, è una buona idea. Non ci sono molti turisti al Teatro Marcello — risponde sua mamma.

—In estate, la nostra famiglia va all'Orto Botanico di Roma e all'Università di Roma, la Sapienza, tutti i mercoledì. L'Orto Botanico è un bel parco. Noi passiamo del tempo[17] con la famiglia e camminiamo nei giardini — dice suo padre.

---

[17] passiamo del tempo – spend time

—Sì. Alla nostra famiglia piace camminare all'Orto Botanico. Non ci sono molti turisti —dice sua madre.

—In inverno, la nostra famiglia va sulla collina del Gianicolo[18] per vedere il bellissimo panorama —spiega suo padre.

—È una buona idea. È un posto tranquillo e non ci sono molti turisti e lì vicino c'è anche la sinagoga, il Tempio Maggiore[19] —dice sua mamma.

—In autunno, la nostra famiglia va nella zona di Testaccio per vedere la

---

[18] collina del Gianicolo – Gianicolo Hill
[19] Tempio Maggiore – Great Synagogue

Piramide Cestia e ci sono anche i murales —dice suo papà.

—Sì. Credo che la Piramide Cestia sia[20] un buon posto. Non ci sono molti turisti. La zona del Testaccio non è popolare tra i turisti. Ci sono solo le persone di Roma, i romani —dice sua mamma. Rhumus guarda i suoi genitori. Loro parlano molto. Lui non sente quello che dicono[21] ma è molte felice di stare con la sua famiglia.

---

[20] sia – is
[21] Lui non sente quello che dicono – He doesn't hear what they say

Capitolo 2
Il piano

Normalmente, ci sono molti ratti che vivono sotto le strade di Roma. Però, da dopo l'esplosione, i ratti non vogliono vivere sotto le strade. Hanno paura. Hanno molta paura di un'altra esplosione.

Un attimo dopo, arriva un altro gruppo di ratti.

—Andiamo! Veloce! Veloce! Tutti i ratti sono in pericolo! Dobbiamo nasconderci[22]! —grida uno dei ratti.

---

[22] Dobbiamo nasconderci – We have to hide

—Sì! Tutti ci possono vedere per strada! Dobbiamo nasconderci subito! —grida un altro ratto.

Sono le otto di mattina. Ci sono molti rumori a Roma. E ci sono molti turisti. Però, i ratti hanno un piano. Loro vanno nei luoghi che i genitori di Rhumus hanno menzionato[23], i luoghi di Roma meno popolari tra i turisti.

Rhumus è per strada con la sua famiglia e gli altri ratti. I ratti ascoltano i rumori delle macchine:

Pii, piii!

---

[23] hanno menzionato – mentioned

Molti rumori sono normali per i ratti. Però dal giorno dell'esplosione, non gli piacciono i rumori.

Però è diverso[24] per Rhumus. Lui non sente niente. Suo papà guarda Rhumus. Suo padre guarda la cartina di Roma. In quel momento Rhumus dice:

—Papà, voglio cercare un luogo sulla cartina!

Suo padre gli dà[25] la cartina di Roma. Rhumus prende la cartina[26].

Suo papà scrive, «Dov'è il Teatro Marcello?» su un foglietto di carta e dà il foglietto a Rhumus. La famiglia va al

---

[24] diverso – different
[25] gli dà – gives him
[26] cartina – street map

Teatro Marcello in primavera, di solito, ma non sa arrivare là seguendo le strade.

Rhumus guarda il foglietto. Cerca il teatro sulla cartina. Dopo pochi momenti lo trova[27]. Rhumus indica il luogo sulla cartina a suo padre.

Suo papà è felice della ricerca di Rhumus. Gli altri ratti ascoltano quando suo padre spiega:

—Attenzione tutti! Tutti i ratti sono in pericolo. Ho un piano. Ci nascondiamo. Prima, ci nascondiamo al Teatro Marcello. Non ci sono molti turisti. Siamo forti. Siamo

---

[27] lo trova – he finds it

intelligenti. Se stiamo insieme, possiamo scappare dal pericolo.

—Il Teatro Marcello! È un teatro molto grande, no? —domanda un altro ratto nel gruppo.

—Sì, è un teatro antico e molto grande, ma non ci sono molti turisti. È un buon posto per nasconderci stanotte —dice il padre di Rhumus.

C'è un grande gruppo di ratti che camminano con Rhumus e i suoi genitori. Rhumus guarda davanti[28].

Rhumus guarda dietro[29]. Rhumus vede altri ratti. Vede molte famiglie di

---

[28] davanti – ahead
[29] dietro – behind

ratti. Rhumus guarda suo papà e sua mamma. Lui è felice di stare con la sua famiglia.

Lui pensa:

«Non sarò[30] separato dalla mia famiglia o dagli altri ratti di nuovo.»

---

[30] Non sarò – I will not be

Capitolo 3
Al Teatro Marcello

Rhumus è felice con la sua famiglia ma lui è anche frustrato. Lui è molto frustrato perché non sente niente. Rhumus vuole[31] sentire. Vuole sentire sua mamma e suo papà. Lui vuole sentire tutti nel gruppo. Lui vuole sentire i rumori.

A Roma, c'è una struttura molto grande. La struttura è un anfiteatro. Questo anfiteatro è stato costruito sotto i regni di Giulio e poi

---

[31] vuole – wants

Augusto Cesare. È dedicato al figlio di Augusto, Marcello. Ci sono turisti, ma non molti. L'anfiteatro si chiama Teatro Marcello.

All'entrata del teatro un altro ratto dice:

—Caspita! Guarda questo anfiteatro antico! È il Colosseo?

—No, non è il Colosseo. L'anfiteatro si chiama Teatro Marcello. All'epoca, più di quindicimila persone potevano [32]stare dentro. Il disegno di questo teatro è il modello per il Colosseo. Il Colosseo, o l'Anfiteatro Flavio, è molto

---

[32] potevano – were able

più grande. Poi, dopo molti secoli il Teatro Marcello è diventato una fortezza, e poi un palazzo per una famiglia ricca. Questo posto non è un posto molto popolare —spiega il padre di Rhumus.

«Siamo in pericolo al teatro?» pensa Rhumus.

«Il Teatro Marcello è più piccolo e più antico del Colosseo.» pensa Rhumus.

Rhumus vede un poster.

Attenzione Tutti!

C'è un problema con i ratti, l'anfiteatro sarà chiuso domani per sterminarli!

sarà chiuso - will be closed

—Oh   no!   Siamo   in
pericolo! Stermineranno[33] tutti i ratti
domani! —dice Rhumus.

Rhumus chiama l'attenzione di suo
padre. Rhumus indica il poster a suo
padre. Suo padre lo guarda[34]. Suo
padre lo legge. Suo padre guarda sua
madre con occhi grandi. Lui spiega al
gruppo:

— Attenzione tutti! Tutti i ratti sono
in pericolo. Non avete paura[35]. Ho un
piano. Ci nascondiamo nel teatro
stanotte. Però domani andiamo all'Orto

---

[33] stermineranno – they will exterminate
[34] lo guarda – looks at it
[35] Non avete paura – don't be afraid

Botanico. Noi siamo forti. Siamo intelligenti. Se stiamo insieme, possiamo scappare dal pericolo.

Capitolo 4
All'Orto Botanico

Rhumus è felice di stare con la sua famiglia, ma è anche frustrato. È molto frustrato perché tutti i ratti hanno bisogno di nascondersi. È frustrato perché tutti i ratti sono in pericolo.

A Roma, ci sono molti luoghi unici. Uno di quei posti è un parco. Questo parco si chiama Orto Botanico di Roma.

L'Orto Botanico non è un luogo molto popolare tra i turisti.

All'arrivo al parco, un altro ratto del gruppo dice:

—Caspita! Guarda, questi giardini, sono bellissimi! È molto grande questo parco!

—Sì, ci sono diverse collezioni qui nell'orto. C'è una foresta mediterranea piena di alberi come la quercia, un giardino giapponese con piccole cascate e ciliegi, e una collezione ricca di bambù —risponde un altro ratto.

Rhumus cammina nell'orto con i suoi genitori e gli altri ratti. Lui guarda tutto.

«*Siamo in pericolo in questo giardino?*» pensa Rhumus.

«*Il giardino è molto tranquillo*» pensa Rhumus.

Rhumus vede un poster su un albero del parco. Legge il poster.

Attenzione Tutti!

C'è un problema con i ratti, l'orto sarà chiuso domani per sterminarli!

sarà chiuso - will be closed

—Oh no! Siamo in pericolo! Stermineranno i ratti nel parco domani! —dice Rhumus.

Rhumus attira[36] l'attenzione di suo padre. Gli indica il poster. Suo padre lo guarda. Suo padre lo legge. Suo padre guarda sua mamma con gli occhi grandi. Lui spiega il poster al gruppo:

—Attenzione tutti! Tutti i ratti sono in pericolo! Non avete paura! Ho un piano! Per questa notte ci nascondiamo nell'Orto Botanico. Però domani andiamo all'Università di Roma. Non ci sono molti turisti. Noi siamo

---

[36] attire - attracts

forti. Siamo intelligenti. Se stiamo insieme, possiamo scappare dal pericolo.

Capitolo 5
Alla Sapienza

Rhumus è molto frustrato. È frustrato perché tutti i ratti non possono trovare un posto per nascondersi. È frustrato perché è sordo. Rhumus è felice di stare con la sua famiglia ma è anche frustrato.

A Roma, c'è un'università. È un'università statale. Non ci sono molti turisti che visitano questa università. Ci sono gli studenti e i professori. L'università si chiama o Università di Roma o la Sapienza.

All'arrivo davanti all'entrata dell'università, un ratto nel gruppo dice:

—Caspita! Guarda questo edificio! È molto grande!

—Sì, l'edificio è una parte dell'Università di Roma che si chiama anche La Sapienza. È un'università statale. I turisti non visitano l'università. La maggior parte delle persone qui sono studenti e professori dell'università.

Rhumus entra nell'università con i suoi genitori e gli altri ratti. Rhumus guarda davanti e dietro.

«Noi siamo in pericolo all'università?» pensa Rhumus.

«L'edificio dell'università è molto grande e ci sono molte aule e molti uffici» pensa Rhumus.

Rhumus vede molti poster all'università. Legge un poster.

Attenzione Tutti!

È necessario essere silenziosi all'università! È necessario essere rispettosi all'università.

Rhumus vede un altro poster. Il poster ha un'immagine di un ratto. Il poster attira l'attenzione di Rhumus. Legge le informazioni sul poster.

Attenzione Tutti!

C'è un problema con i ratti, l'università sarà chiusa domani per sterminarli!

—Oh no! Siamo in pericolo. Stermineranno tutti i ratti all'università domani! —dice Rhumus.

Rhumus attira l'attenzione di suo padre. Gli indica il poster. Suo padre lo guarda. Suo padre lo legge. Suo padre lo guarda a sua madre con gli occhi grandi. Il padre di Rhumus spiega il poster al gruppo:

—Attenzione tutti! È ovvio che noi siamo ancora in pericolo. Non avete paura! Ho un piano! Ci nascondiamo qui, a La Sapienza. Però domani andiamo al Gianicolo. Non ci sono molti turisti in collina lì.

—Ricordatevi, noi siamo forti. Siamo intelligenti. Se stiamo insieme tutti possiamo scappare dal pericolo —grida un altro ratto.

Capitolo 6
In collina del Gianicolo

Rhumus è molto frustrato. Lui è frustrato perché vuole poter sentire[37]. Lui non vuole essere sordo. Rhumus è felice di stare con la sua famiglia e tutti gli altri ratti.

È molto frustrato perché tutti i ratti sono in pericolo. Lui vuole trovare un posto sicuro.

A Roma, ci sono sette colline. La città di Roma è costruita su sette colline. Però ci sono altre colline meno

---

[37] vuole poter sentire – he wants to be able to hear

famose. Una delle colline meno famose,
ma molto bella, è il Gianicolo.

All'arrivo in cima della collina del Gianicolo, un altro ratto del gruppo dice:

—Caspita! Guarda il panorama di Roma! Qui la vista della città è bellissima!

—Sì, è una collina importante. Roma è costruita su sette colline. Il Gianicolo non è uno di queste colline perché è fuori dalle antiche mura[38] di Roma. All'epoca[39] degli antichi Romani, c'è stato un tempio al dio Giano. Giano era il dio romano rappresentato con due facce. Però, la

---

[38] fuori dale antiche mura – outside the ancient walls
[39] All'epoca – back at the time

collina era[40] anche importante per la difesa[41] della città perché è una collina molto alta.

Rhumus esplora la cima della collina con i suoi genitori e gli altri ratti. Lui guarda la fontana e i monumenti. Lui guarda anche verso Roma. *«Siamo in pericolo su questa collina?»* pensa Rhumus.

«Questa collina è molto bella. Il panorama di Roma è incredibile. È tranquilla e ci sono anche monumenti e fontane da esplorare.» pensa Rhumus.

---

[40] era – was
[41] difesa – defense

Rhumus vede un poster. Legge le informazioni del poster.

Attenzione Tutti!

A causa di un problema con i ratti, la zona del Gianicolo sarà chiusa domani per sterminarli!

—Oh no! Siamo in pericolo. Stermineranno i ratti domani! —dice Rhumus.

Rhumus attira l'attenzione di suo padre. Gli indica il poster. Suo padre lo guarda. Suo padre lo legge. Suo padre guarda sua mamma con gli occhi grandi. Lui spiega il poster al gruppo.

—Attenzione tutti! Noi siamo in pericolo! Non avete paura! Ho un piano! Ci nascondiamo qui in collina stanotte. Però domani andiamo al Tempio Maggiore. Ricordatevi, siamo forti. Siamo intelligenti! Se stiamo insieme, tutti possiamo scappare dal pericolo.

—Sì, capiamo che tutti i ratti sono in pericolo, ma quanti luoghi visitiamo? — domanda uno dei ratti, molto infastidito[42].

—Hai ragione[43], cambiamo luogo ogni[44] giorno! È ridicolo! —dice un altro ratto, piangendo[45].

— Sì, è ovvio che cambiamo molti posti ma siamo ancora in pericolo! Se continuiamo a cambiare posto ogni giorno, tutti possiamo scappare dal pericolo —spiega il padre di Rhumus.

---

[42] infastidito – annoyed
[43] hai ragione – you are right
[44] ogni – each
[45] piangendo – crying

Capitolo 7
Al Tempio Maggiore

A Rhumus non piace essere in pericolo ma è felice di stare con la sua famiglia. Lui è molto frustrato perché non sente niente. Vuole sentire. Vuole sentire suo padre e vuole sentire sua madre. Lui vuole sentire tutti del gruppo. Lui vuole sentire i rumori a Roma. Vuole sentire sentire il rumore delle macchine per strada. Vuole ascoltare i rumori della città.

È molto frustrato perché tutti gli altri ratti possono sentire, ma lui no.

A Roma si trovano luoghi antichi storici e culturali. Uno di questi luoghi è la zona del ghetto ebraico[46], in cui si trova il Tempio Maggiore. C'è una sinagoga nell'ex-ghetto ebraico e non ci sono molti turisti. Il Tempio Maggiore non è molto popolare tra i turisti.

---

[46] ebraico – Jewish

All'arrivo al tempio, un altro ratto del gruppo dice:

—Caspita! Guarda, questa sinagoga è meno antica degli altri monumenti ed edifici a Roma!

—Sì, è vero. È stata costruita alla fine del novecento[47]. Però la comunità ebraica esiste a Roma dall'epoca della[48] Repubblica Romana —risponde un altro ratto.

Rhumus cammina nel tempio con i suoi genitori e gli altri ratti. Lui guarda tutto.

---

[47] novecento – 1800's
[48] esiste a Roma dall'epoca della – has existed in Rome from the age of the

«*Siamo in pericolo in questo tempio?*» pensa Rhumus.

«*Il tempio è molto tranquillo*» pensa Rhumus.

Attenzione Tutti!

C'è un problema con i ratti, il tempio sarà chiuso domani, sabato, dopo le funzioni del Shabat, per sterminare i ratti!

sarà chiuso - will be closed

Rhumus vede un poster. Legge il poster.

—Oh no! Siamo in pericolo! Il tempio sarà chiuso domani per sterminare i ratti! —dice Rhumus.

Rhumus attira l'attenzione di suo papà. Gli indica il poster. Suo padre lo guarda. Suo padre lo legge. Suo padre guarda sua madre con gli occhi grandi.

Per un attimo, Rhumus non sa se[49] il piano di suo padre sia un buon piano.

«Tutti i luoghi che visitiamo sono pericolosi, incluso i luoghi meno popolari. Va bene il piano di mio padre?» pensa Rhumus.

---

[49] non sa se – doesn't know if

«*Sì, mio papà è intelligente*» pensa Rhumus.

Il padre di Rhumus spiega al gruppo quello che dice il poster:

—Attenzione tutti! Noi siamo in pericolo! Non avete paura! Ho un piano! Ci nascondiamo qui nella sinagoga stanotte. Però domani andiamo al quartiere Testaccio.

—Non ci sono molti turisti ma in ogni posto che visitiamo siamo in pericolo di essere sterminati. Per quanto tempo dobbiamo nasconderci? —domanda uno dei ratti, infastidito.

Alcuni ratti si separano dal gruppo. Loro decidono che non vogliono continuare a nascondersi. Rhumus guarda il gruppo. Il gruppo è sempre più frustrato.

—Noi siamo forti. Noi siamo intelligenti. Abbiamo bisogno di stare insieme, tutti possiamo scappare dal pericolo —spiega Rhumus.

Capitolo 8
Nel quartiere Testaccio

Tutti i ratti sono in pericolo.Rhumus è frustrato. Lui è anche frustrato perché ancora non sente niente.

Lui continua a camminare con gli altri ratti verso[50] il quartiere Testaccio.

---

[50] verso – towards

All'arrivo nel quartiere, un altro ratto del gruppo dice:

—Caspita! Guarda quello, è incredibile!

—Sì, questo quartiere è conosciuto per i murales dipinti[51] sugli edifici. Testaccio è la capitale della Street Art. Alcuni artisti sono anche famosi ma non è un posto molto popolare tra i turisti. Sulla parete[52] di questo palazzo si vede una lupa dell'artista belga[53], si chiama Roa. La lupa è un simbolo della città di Roma

---

[51] dipinti - painted
[52] parete – wall
[53] belga - Belgian

—spiega il padre di Rhumus.

Rhumus e gli altri ratti hanno bisogno di scappare dagli sterminatori di Roma. Rhumus cammina per una strada del quartiere con i suoi genitori e gli altri ratti. Lui guarda tutto.

«*Siamo in pericolo in questo quartiere?*» pensa Rhumus.

«*Questa zona è molto interessante! Ci sono murales dappertutto, su tutti gli edifici!* » pensa Rhumus.

Rhumus vede un poster. Legge le informazioni sul poster.

Attenzione Tutti!

C'è un problema con i ratti.
Le strade del quartiere
saranno chiuse domani per
sterminarli!

—Oh no! Siamo in pericolo! Il quartiere chiude le strade domani per sterminare i ratti! —dice Rhumus.

Rhumus attira l'attenzione di suo padre. Gli indica il poster. Suo padre lo guarda. Lo legge e dice al gruppo:

— Attenzione tutti! È ovvio che noi siamo ancora in pericolo! Siamo frustrati perché cambiamo luogo ogni giorno, ma continueremo a nasconderci. Non avete paura! Ho un piano! Stanotte, ci nascondiamo nella zona Testaccio. Però, domani mattina andiamo alla Piramide Cestia.

Rhumus guarda suo padre. Suo padre guarda il gruppo. I ratti del gruppo sono molto agitati. Lui dice ad alta voce[54] agli altri ratti:

---

[54] ad alta voce – out loud

—Ricordatevi! Siamo forti. Siamo intelligenti. Se stiamo insieme, tutti possiamo scappare dal pericolo!

Capitolo 9
Alla Piramide Cestia

Rhumus è felice di stare con la sua famiglia, ma è frustrato come gli altri ratti nel gruppo. È ovvio che i ratti sono in pericolo. È frustrato perché tutti i ratti devono[55] nascondersi.

A Roma, c'è un monumento interessante. Ha la forma di una piramide. Non ci sono molti turisti che visitano la piramide ma è molto bella.

---

[55] devono – have to

All'arrivo alla piramide, un ratto femmina del gruppo domanda:

—Caspita! È interessantissima! Come si chiama questa piramide?

—La piramide si chiama Piramide Cestia. È stata la tomba di un antico romano ricco. Dopo la conquista dell'Egitto da parte di[56] Roma, molti architetti romani hanno preso spunto[57] dall'architettura egizia e hanno costruito[58] monumenti ispirati dallo

---

[56] de parte di – by
[57] hanno preso spunto – took inspiration from
[58] hanno costruito – built

stile egizio. Questa tomba si trova adesso in un cimitero.

Rhumus cammina per il cimitero con i suoi genitori e altri ratti. Lui guarda tutto.

«Siamo in pericolo in questo cimitero?» pensa Rhumus.

«La Piramide Cestia è molto particolare nella città di Roma. Lo stile è molto diverso dall'architettura romana. È completamente rivestita[59] in marmo[60] di Carrara, una zona famosa per il marmo. È anche molto

---

[59] rivestita – covered
[60] marmo – marble

alta, trentasei metri (centoventi piedi).» pensa Rhumus.

Rhumus vede un poster sul cancello del cimitero. Lui legge il poster.

Attenzione Tutti!

A causa del problema dei ratti, la piramide e il cimitero saranno chiusi domani per sterminarli!

—Oh no! Siamo in pericolo nel cimitero! Domani sarà chiuso per sterminare i ratti! —dice Rhumus.

Rhumus attira l'attenzione di suo padre. Gli indica il poster. Suo padre lo guarda. Suo padre lo legge. Suo padre guarda a sua mamma con gli occhi grandi. Lui spiega il poster al gruppo:

—Attenzione tutti! Noi siamo ancora in pericolo! Io ho un piano. Ci nascondiamo nella piramide e nel cimitero stanotte. Però, domani andiamo a Villa Borghese. Non ci sono molti turisti. Non dimenticatevi[61], siamo forti. Siamo intelligenti. Se stiamo insieme, possiamo scappare dal pericolo!

---

[61] non dimenticatevi – don't forget

Capitolo 10
A Villa Borghese

Rhumus è felice di stare con la sua famiglia ma è frustrato perché tutti i ratti sono ancora in pericolo. Lui è frustrato perché vuole aiutare gli altri ratti.

Rhumus non sente ancora e fa fatica[62] a comunicare.

A Roma, c'è un grande parco. È un parco grandissimo. Il parco si chiama Villa Borghese.

---

[62] fa fatica – has difficulty

I giardini di Villa Borghese non sono molto popolari tra i turisti. Però è un luogo che le famiglie locali visitano spesso.

Villa Borghese è un parco importante a Roma. Nel parco ci sono giardini curati, laghetti, monumenti, e sculture.

Rhumus entra nei giardini con i suoi genitori e gli altri ratti. Guarda tutte le diverse piante nel parco.

«Siamo in pericolo in questo parco?» si domanda Rhumus.

«Questo parco è bellissimo! È anche molto grande! Ci sono molte piante e c'è anche una riproduzione del Globe

Theater di Shakespeare!» pensa Rhumus.

Rhumus cammina con gli altri ratti. Guarda le sculture tra gli alberi. Rhumus osserva tutto, quando vede un poster per terra che dice:

Attenzione Tutti!

C'è un problema con i ratti! Non lasciare cibo vicino alle piante, non lasciare cibo vicino alle sculture!

«*È solo un poster che spiega alla gente che non bisogna lasciare cibo vicino alle sculture. Non è un poster che annuncia la sterminazione dei ratti!*» pensa Rhumus.

Rhumus chiama l'attenzione di suo padre. Gli indica il poster. Suo padre lo guarda. Rhumus è contento e suo padre legge il poster al gruppo ad alta voce:

—Attenzione! Non stermineranno i ratti qui nel parco. Ci nascondiamo a Villa Borghese. Non c'è pericolo nel parco!

Rhumus guarda suo padre. Però non solo guarda suo padre ma sente anche suo padre. Per la prima volta dall'esplosione, può sentire!

—Papà, posso sentire! —grida Rhumus. Mamma, non sono più sordo[63]!

Guarda sua mamma, che è molto contenta e le dice:

—Sì, l'esplosione mi ha spaventato[64] e non potevo sentire[65]. Però adesso posso sentire e finalmente siamo al sicuro!

Per la prima volta dopo l'esplosione lui non è frustrato. No, Rhumus è

---

[63] non sono più sordo – I'm not deaf anymore
[64] mi ha spaventato – scared me
[65] potevo sentire – couldn't hear

contento. È contento che tutti i ratti non sono in pericolo. Per la prima volta dopo l'esplosione non è più frustrato[66]. Sì, Rhumus è contento. È contento di poter sentire di nuovo!

«Va tutto bene!» pensa Rhumus. Siamo insieme! Non siamo in pericolo! Siamo forti quando siamo insieme. Siamo insieme e tutto andrà benissimo!

---

[66] non è più frustrato – he is not frustrated anymore

Epilogo

Rhumus, la sua famiglia e gli altri ratti si nascondono per una settimana. Un giorno, Rhumus vede un foglio di carta per terra nel parco. Legge al gruppo:

Attenzione romani!

La sterminazione dei ratti è completo. Molti ratti sono stati sterminati!

—Siamo al sicuro! —gridano tutti i ratti.

—Sì, finalmente non siamo in pericolo —grida Rhumus.

Glossario

A

a (ad): at, to, in
abbiamo: we have
adesso: now
agitati: agitated
(a) agli, ai, al, all',alla, alle, allo: at the, to the, in the
aiutare: to help
alberi: trees
albero: tree
alcuni: some/any
alta: tall
altra: other, another
altre: other, others
altri: other, others
altro: other, another
anche: also
ancora: still

andare: to go
andiamo: we go, let's go
andrà: he/she/it will be, go
anfiteatro: amphitheater
annuncia: he/she/it announces
ansiosi: anxious
antica: old, ancient
antiche: old, ancient
antichi: old, ancient
antico: old, ancient
architetti: architects
architettura: architecture
arriva: he/she/it arrives
arrivare: to arrive

(all')arrivo: on arrival
art: art
artista: artist
artisti: artists
ascoltano: they listen
ascoltare: to listen
attenzione: attention
attimo: moment
attira: he/she/it attracts
Augusto Cesare: Augustus Caesar, first emperor of Rome
aule: classrooms
autunno: Autumn
avete: you (pl) have

B
bambù: bamboo
bel: beautiful
belga: Belgian
bella: beautiful

bellissima: very beautiful
bellissimi: very beautiful
bellissimo: very beautiful
bene: well
benissimo: very well
(non) bisogna: mustn't
(avere) bisogno (di): to need
(Villa) Borghese: name of park in Rome
botanico: botanical
buon: good
buona: good
buoni: good

C
c'è: there is
c'è (stata): there was
cambiamo: we change, let's change

cambiare: to change
cammina: he/she/it walks
camminano: they walk
camminare: to walk
camminiamo: we walk, let's walk
cancello: gate
capiamo: we understand
capisco: I understand
capitale: capital
capitolo: chapter
Carrara: city and area in Tuscany known for its marble quarries
carta: paper
cartina: map
cascate: waterfalls
caspita: wow
(a) causa (di): because of
causato: caused

centoventi: one hundred and twenty
cerca: he/she/it looks for, tries
cercare: to look for, to try
Cesare: Caesar, family name of ancient Roman leaders
Cestia: name of pyramid found in Rome
che: that, what
chiama: he/she/it calls
(si) chiama: is called
chiude: he/she/it closes
chiuso: closed
ci: there
ci: us
ci (sono): there are
cibo: food
ciliegi: cherry trees
cima: top

cimitero:
cemetery
città: city, cities
collezione:
collection
collezioni:
collections
collina: hill
colline: hills
Colosseo:
Colosseum
(Anfiteatro Flavio)
come: like, as, how
completamente:
completely
comunicare: to
communicate
comunità:
community
con: with
conosciuto:
known
conoscono: they
know
conquista:
conquest
contenta: happy,
content

contento: happy,
content
continua:
he/she/it continues
continuare: to
continue
continueremo:
we will continue
continuiamo: we
continue, let's
continue
correre: to run
corrono: they run
costruita: built
costruito: built
credo: I believe
cui: which
culturali: cultural
curati: cared for

D
d'(di): of, from
da: from, by
**(da) dagli, dai,
dal, dall', dalla,
dalle, dallo:**
from the, by the

dappertutto:
everywhere
davanti: ahead, in
front of
decidono: they
decide
dedicato:
dedicated
d' (di): of, from
**(di) degli, dei,
del, dell', della,
delle, dello:** of
the, from the
dentro: inside
devono: they
must, have to
di (solito): usually
di: of, from
dice: he/she/it says
dicono: they say
dietro: behind
difesa: defense
dimenticatevi:
forget it!
dio: god
dipinti: painted
disegno: design
diventato: became

diverse: different
diverso: different
dobbiamo: we
must, have to
domanda:
he/she/it asks
(si) domanda:
asks himself
domani: tomorrow
dopo: after, later
dov'è: where is
dove: where
due: two

E

e (ed): and
è: he/she/it is
è (piaciuto): liked
ebraica: Jewish
ebraico: Jewish
edifici: buildings
edificio: building
Egitto: Egypt
egizia: Egyptian
egizio: Egyptian
elencano: they list
entra (in):
he/she/it enters

entrata: entrance
epoca: age, time period
epilogo: epilogue
era: he/she/it was
esiste: he/she/it exists
esplora: he/she/it explore
esplorare: to explore
esplosione: explosion
essere: to be
estate: Summer
ex: ex, former

F
fa: he/she/it does, makes
fa: ago
(fa) fatica: he/she/it has difficulty
facce: faces
facciamo: we do, make
famiglia: family

famiglie: families
famosa: famous
famose: famous
famosi: famous
felice: happy
femmina: female
figlio: son
finalmente: finally
fine: end
Flavio: Flavian; family name of series of roman emperors beginning with Vespasian in the year 69 CE)
foglietto: scrap of paper
foglio: paper
fontana: fountain
fontane: fountains
foresta: forest
forma: form, shape
fortezza: fortress
forti: strong
frustrati: frustrated

74

frustrato: frustrated

fuori: out, outside

G

genitori: parents

gente: people (s)

ghetto: ghetto

Gianicolo: Gianicolo; name of hill just outside the original roman walls; named for Roman god Janus

Giano: Janus, 2-faced roman god of openings/closings, beginnings/ends, transitions, war/peace

Giapponese: Japanese

giardini: gardens

giardino: garden

giorno: day

Giulio (Cesare): Julius Caesar, roman general and politician, first dictator of Roman Republic in 44 BCE and assassinated less than a year later

gli: the

Globe (Theater): Globe Theater, name of Shakespeare's theater in London; reproduction of the Globe Theater has been built in Villa Borghese in Rome

grande: big

grandi: big

grandissimo: very big

grida: he/she/it yells, shouts

gridano: they yell, shout

gruppo: group

guarda: he/she/it looks at, watches

H

ha: he/she/it has
ha (causato):
he/she/it caused
ha (spaventato):
he/she/it frightened
hai (ragione): you
are right
hanno: they have
hanno (bisogno):
they need
hanno (paura):
they are afraid, are
scared
**hanno
(costruito):** they
built
**hanno
(menzionato):**
they mentioned
**hanno (preso
spunto da):** they
took inspiration
from
ho: I have
ho (paura): I am
afraid, I am scared

I

i: the
idea: idea
il: the
immagine: image
importante:
important
in: in, at to
**(in) negli, nei,
nel, nell', nella,
nelle, nello:** in
the, at the, to the
incluso: included
incredibile:
incredible
indica: he/she/it
indicates, points out
infastidito:
annoyed
informazioni:
information (pl)
insieme: together
intelligente:
intelligent, smart
intelligenti:
intelligent, smart

interessante:
interesting
interessantissima:
very interesting
inverno: Winter
io: I
ispirati: inspired

L

l': the
la: the
là: there
laghetti: ponds
lasciare: to leave
(behind)
le: the, to her
legge: he/she/it
reads
lì: there
lo: the, it
locali: local
loro: they
lui: he
luoghi: places
luogo: place
lupa: wolf (female)

M

ma: but
macchine: cars
madre: mother
maggior: major,
most
**(Tempio)
Maggiore:** Great
Synagogue
mamma: mom
**(Teatro)
Marcello:** Theater
of Marcellus;
Marcellus (42-23
BCE) was nephew
of Augustus Caesar,
emperor of Rome
marmo: marble
mattina: morning
mediterranea:
mediterranean
meno: less, fewer
(ha) menzionato:
he/she/it
mentioned
mercoledì:
Wednesday
metri: meters

mi: me
mia: my
mio: my
modello: model
molta: a lot
molte: many, a lot
molti: many, a lot
molto: a lot, very, much
momenti: moments
momento: moment
monumenti: monuments
monumento: monument
mura: wall (of a city/property)
murales: mural, murals

N

nasconderci: to hide (ourselves)
nascondersi: to hide (themselves)
nascondiamo: we hide, let's hide
nascondono: they hide
(in) negli, nei, nel, nell', nella, nelle, nello: in the, at the, to the
niente: nothing
no: no
noi: we
non: not
normali: normal
normalmente: normally
nostra: our
notte: night
novecento: 1800's
nuovo: new

O

o: or
o...o: either...or
occhi: eyes
ogni: each
oh: oh
orribile: horrible
orto: garden

osserva: he/she/it observes
otto: eight
ovvio: obvious

P

padre: father
palazzo: (apartment) building
panorama: panorama
papà: dad, papa
parco: park
parete: wall (building)
parlano: they speak, talk
parte: he/she/it leaves
particolare: particular
passiamo: we spend (time), let's spend (time)
(avere) paura: (to be) afraid, to be scared

pensa: he/she/it thinks
per: for, in order to
per (strada): on the street
perché: why/because
pericolo: danger
pericolosi: dangerous
pericoloso: dangerous
persone: people
però: but
più: more
(non) più: not anymore
piacciono: like/likes
piace: like/likes
(è) piaciuto: liked
piangendo: crying
piano: plan
piante: plants
piccole: small
piccolo: small
piedi: feet
piena: full

pii: beep
piii: beeeep
piramide:
pyramid
pochi: (a) few
poi: then
popolare: popular
popolari: popular
possiamo: we can
posso: I can
possono: they can
poster: poster
posti: places
posto: place
potevano: they
were able, they
could
potevo: I was able,
I could
prende: he/she/it
takes
preso: took
prima: first, before
primavera: Spring
problema:
problem
problemi:
problems

professori:
professors, teachers
può: he/she/it can

Q
quando: when
quanti: how many
quanto: how much
quartiere:
neighborhood
quei: those
quel: that
quello: that
quercia: oak (tree)
questa: this
queste: these
questi: these
questo: this
qui: here
quindicimila:
fifteen thousand

R
(hai) ragione: you
are right
rappresentato:
represented

ratti: rats
ratto: rat
regni: reigns
repubblica: republic
ricca: rich
ricco: rich
ricerca: search
ricordatevi: remember
ridicolo: ridiculous
riproduzione: reproduction
risponde: he/she/it answers, responds
rivestita: covered
Roa: Belgian Street Artist
Roma: Rome
romana: Roman
romani: Romans
romano: Roman
rumore: sound
rumori: sounds

S

sa: he/she/it knows
sabati: Saturdays
Sapienza: name of University of Rome
sarà: he/she/it will be
scappare: to escape
(sono) scappati: (they) escaped
scrive: he/she/it writes
sculture: sculptures
se: if
secoli: centuries
seguendo: following
sempre (più): even more
sente: he/she/it hears
sentire: to hear
separano: they separate
separato: separated
sette: seven

settimana: week
settimane: weeks
Shakespeare:
William
Shakespeare,
British
playwright/poet
Shabat: Sabbath (a
day or religious
observance)
sì: yes
si (chiama): is
called
si (domanda):
he/she/it asks
himself/herself/itse
lf
si (nasconde):
he/she/it hides
si (nascondono):
they hide
si (separano):
they separate
(themselves)
si (trova):
he/she/it is found
si (trovano): are
found

si vede: is seen,
one sees
sia: is
siamo: we are
sicuro: safe, secure
simbolo: symbol
sinagoga:
Synagogue
so: I know
(di) solito: usually
only, just
sono: they are
(ci) sono: there
are
sono (scappati):
they escaped
sordo: deaf
sotto: under, below
(ha) spaventato:
scared, frightened
spesso: often
spiega: he/she/it
explains
(ha preso)
spunto (da):
(took) inspiration
(from)
stanotte: tonight

stare: to be, to stay to feel
(c'è) stata: there was
(è) stata: it was
statale: State, national
(c'è) stato: there was
(è) stato: it was
sterminare: to exterminate
sterminarli: to exterminate them
sterminati: exterminated
sterminatori: exterminators
sterminazione: extermination
stermineranno: they will exterminate
stiamo: we are, stay feel, let's be, stay feel
stile: style
storici: historical

strada: street
(per) strada: on the street
strade: streets
Street Art: street art
struttura: structure
studenti: students
su: on
(su) sugli, sui, sul, sull', sulla, sulle, sullo: on the
sua: his, her, its
subito: immediately
suo: his, her, its
suoi: his, her, its

T

teatro: theater
tempio: temple
Tempio (Maggiore): Great Synagogue
tempo: time
terra: land

terribile: terrible
Testaccio: Testaccio, neighborhood in Rome
(Globe) Theater: (Globe) Theater, Shakespeare's theater in London
tomba: tomb
tra: between, among, within
tranquilla: calm, tranquil
tranquillizzare: to calm down
tranquillo: calm, tranquil
trentasei: thirty six
trova: he/she/it finds
(si) trova: is found
(si) trovano: are found
trovare: to find
turisti: tourists
tutte: all, every

tutti: all, every
tutto: all, everything

U
uffici: offices
un: a, an, one
una: a, an, one
unici: unique
università: university
uno: a, an, one

V
va: he/she/it goes
vanno: they go
vede: he/she/it sees
vedere: to see
veloce: fast
vero: true
verso: towards
vicino (a): near
Villa (Borghese): park in Rome, originally a family estate in the 1500's

and then was developed into a large park with English gardens, artistic masterpieces in the villa itself, as well as secret gardens and ponds

visita: he/she/it visits

visitano: they visit

visitiamo: we visit

vista: view

vivere: to live

vivono: they live

voce: voice

voglio: I want

vogliono: they want

volta: time

vuole: he/she/it wants

Z

zona: zone, area

ABOUT THE AUTHOR

Theresa Marrama is a French teacher in northern New York. She has been teaching French to middle and high school students since 2007. She is also the author of many language learner novels and has also translated a variety of Spanish comprehensible readers into French. She enjoys teaching with Comprehensible Input and writing comprehensible stories for language learners.

HER BOOKS INCLUDE:

Une Obsession dangereuse, which can be purchased at www.fluencymatters.com

HER FRENCH BOOKS ON AMAZON INCLUDE:
Une disparition mystérieuse
L'île au trésor:
Première partie: La malédiction de l'île Oak
L'île au trésor:
Deuxième partie: La découverte d'un secret
La lettre
Léo et Anton

La Maison du 13 rue Verdon
Mystère au Louvre
Perdue dans les catacombes
Les chaussettes de Tito
L'accident
Kobe - Naissance d'une légende
Kobe - Naissance d'une légende (au passé)
Le Château de Chambord : Première partie : Secrets
d'une famille
Zeinixx
La leçon de chocolat
Un secret de famille
Rhumus à Paris
Rhumus se cache à Paris
La réponse

HER SPANISH BOOKS ON AMAZON INCLUDE:
La ofrenda de Sofía
Una desaparición misteriosa
Luis y Antonio
La Carta
La casa en la calle Verdón
La isla del tesoro:Primera parte: La maldición de la isla
Oak
La isla del tesoro: Segunda parte: El descubrimiento de
un secreto
Misterio en el museo
Los calcetines de Naby
El accidente
Kobe - El nacimiento de una leyenda (en tiempo
presente)
Kobe - El nacimiento de una leyenda (en tiempo pasado)
La lección del chocolate

Un secreto de familia
Rhumus en Madrid
Rhumu se esconde en Madrid
La repuesta

HER GERMAN BOOKS ON AMAZON INCLUDE:
Leona und Anna
Geräusche im Wald
Der Brief
Nachts im Museum
Die Stutzen von Tito
Der Unfall
Kobe - Geburt einer Legende
Kobe - Geburt einer Legende (Past Tense)
Das Haus Nummer 13
Schokolade
Avas Tagebuch
Rhumus in Berlin
Rhumus versteckt sich in Berlin

HER ITALIAN BOOKS ON AMAZON INCLUDE:
Luigi e Antonio
I calzini di Naby
Rhumus a Roma
La lettera

HER ENGLISH BOOKS ON AMAZON INCLUDE:
Leo and Anthony
The Myesterious Disappearance
Rhumus in Paris
Mystery at the Louvre
The Chocolate Lesson
Treasure Island: Part I: The Curse of Oak Island

Treasure Island: Part II: The Discovery of a Secret
The Chambord Castle: Part I: Family Secrets

Check out her website for more resources and materials to accompany her books:
www.compellinglanguagecorner.com

Check out her Digital E-Books:
www.digilangua.co

Made in the USA
Middletown, DE
05 November 2023

41716026R00056